Elke Dannecker

Starke Spiele für starke Kinder

Spiele für die Schule

Oldenbourg

PRÖGEL LERNVERGNÜGEN 19

Die Deutsche Bibliothek – CIP-Einheitsaufnahme

Spiele für die Schule. – München : Oldenbourg
Starke Spiele für starke Kinder/Elke Dannecker. – 1. Aufl. – 2000
(Prögel-Lernvergnügen ; 19)
ISBN 3-486-98707-0

1. Auflage 2000 RE
Druck 04 03 02 01 00
Die letzte Zahl bezeichnet das Jahr des Drucks.

Umschlagkonzeption: Mendell & Oberer, München
Umschlagzeichnung: Jan Birck
Lektorat: Stefanie Fischer, Birgit Stock
Herstellung: Fredi Grosser
Grafiken: Jan Birck
Satz, Druck und Bindung: Schneider Druck GmbH, Rothenburg ob der Tauber

ISBN 3-486-**98707**-0

Inhaltsverzeichnis

Alle Spiele sind mit Symbolen versehen. Die Symbole sollen dem schnellen Auswählen und Auffinden der Spiele dienen.

Ein Spiel für drinnen

Ein Spiel für draußen

Konzentrationsspiel

Ein lautes Spiel

Ein leises Spiel

Ein Spiel für die ganze Klasse

Gruppenspiel

Ein Spiel für zwei Schüler

Fünfminuten-Spiel

6, 7, 8, 10, 11, 12, 13, 14, 15, 16, 17, 18, 19, 20, 21, 22, 23, 24, 25, 27, 28, 29, 30, 31, 32, 33, 34, 35, 36, 37, 38, 39, 40, 41, 42, 43, 44, 46, 47, 48, 53, 55, 56, 58, 60, 62

6, 26, 45, 49, 50, 51, 52, 54, 57

8, 14, 19, 22, 24, 25, 27, 29, 30, 31, 32, 37, 38, 44, 45, 51, 53, 55

11, 18, 23, 26, 28, 30, 36, 39, 43, 50, 56

7, 10, 14, 19, 27, 29, 38, 53, 55, 58, 60, 62

6, 8, 11, 12, 13, 15, 16, 17, 18, 22, 23, 26, 28, 30, 31, 33, 34, 35, 36, 37, 38, 39, 42, 44, 45, 46, 47, 49, 50, 51, 53, 54, 55, 56, 58, 60, 62

10, 14, 19, 20, 21, 29, 32, 40, 41, 48, 57

24, 25, 27, 52

30, 31, 32, 44

Katz und Maus

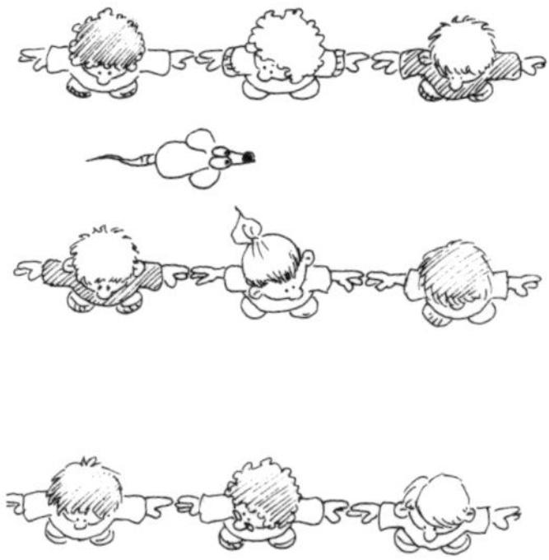

Schön, wenn man als kleine Maus auf die Hilfe Anderer zählen kann!

Alle Kinder – bis auf zwei – stellen sich in mehreren Reihen auf und halten sich an den Händen. Eine kleine Maus hetzt durch die Reihen und versucht, der Katze zu entkommen, die ihr auf den Fersen ist. Wenn die Maus nicht mehr weiter kann, ruft sie laut: „Hilfe!" Sofort lassen die Kinder die Hände los und drehen sich eine Vierteldrehung nach links, um sich mit den neuen Nachbarn erneut an den Händen zu fassen. Damit blockieren sie der Katze den Weg und die Maus ist erstmal in Sicherheit. Das geht so lange bis die Katze die Maus doch gefangen hat.

Zauberstein

Ein besonders schöner Stein wird bunt bemalt, lackiert und mit Glitzerstaub bestreut. Dieser Stein hat nun magische Kräfte.
Im Schulalltag gibt es immer wieder Situationen, in denen ein Kind mit einem Problem nicht fertig wird. Ein Streit sitzt ihm in den Knochen. Es gab Ärger zu Hause und das Kind fühlt sich besonders verletzlich usw.
Reden hilft – aber manchmal ist zusätzlich etwas magische Unterstützung erforderlich. Da kommt der Zauberstein ins Spiel. Am besten man überreicht den Stein mit einem kleinen Ritual. Das kann ein kleiner Zauberspruch sein oder das Kind spuckt dreimal trocken auf den Stein, um die Zauberkräfte zu aktivieren o. Ä. Das Kind bekommt anschließend für einen Tag diesen Stein und legt ihn auf seinen Tisch. Er hilft dem Kind wieder stark zu werden, lässt Tränen versiegen und gibt neuen Mut.

Luftballon tauschen

Dieses Spiel kann am besten in der Turnhalle durchgeführt werden. Ein frei geräumtes Klassenzimmer ist ebenfalls dafür geeignet.
Luftballons in vier verschiedenen Farben liegen bereit und werden an die Kinder verteilt. Jede Farbe bekommt eine andere Ecke des Raumes zugeteilt, in der sich die Kinder dann sammeln. Der Lehrer steht in der Mitte des Raumes und zeigt ähnlich wie ein Verkehrspolizist an, welche Kinder die Ecken tauschen dürfen – entweder quer oder längs. Anschließend verlassen die Kinder ihre Ecke und treiben ihren Luftballon vorsichtig vor sich her. Der Luftballon darf dabei nicht zu Boden gehen. In dem Moment, wenn eine Gruppe auf die andere trifft, werden die Luftballons getauscht. Der Tausch darf wiederum nur in der Luft von-

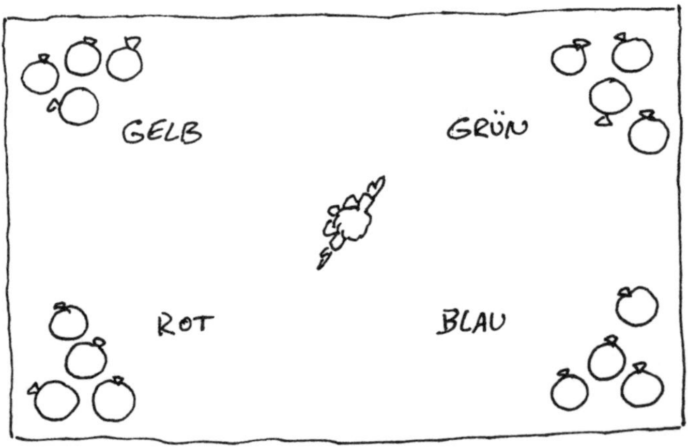

statten gehen und die Luftballons dürfen dabei keinesfalls einfach mit den Händen übergeben werden.
Bei diesem Spiel ist es also wichtig, dass die Kinder vorher Blickkontakt mit einem möglichen Tauschpartner aufnehmen und ihre Bewegungen so koordinieren, dass ein Austausch reibungslos klappen kann.
Nach einem geglückten Tausch halten zum Beispiel alle Kinder, die zu Beginn rote Luftballons hatten, grüne in den Händen und stehen nun in der anderen Ecke.
Man kann immer zwei Gruppen loslaufen lassen und vielleicht zum Schluss sogar ausprobieren, was geschieht, wenn alle Kinder gleichzeitig die Seiten und die Luftballons wechseln.

1. Rot und Grün tauschen.
2. Blau und Gelb tauschen.
3. ...
4. Alle vier Gruppen tauschen gleichzeitig.

Wie auf einer Wolke

Ein Kind bekommt ein Bett aus Luftballons und darf sich dabei einmal fühlen, als würde es auf Wolken schweben. Das Kind legt sich zunächst auf den Boden und wird von zwei anderen Kindern ganz behutsam auf die „Wolke" gehievt. Dazu werden dem Kind einfach Luftballons untergeschoben, und zwar ganz vorsichtig unter den Kopf, die Arme, die Beine und sogar unter den Rumpf. Bis das ganze Kind auf den Ballons liegt. Die beiden Kinder achten darauf, dass das Wolkenkind nicht herabrollt oder die Ballons wegrutschen.
Jetzt die Augen schließen und einfach genießen, so umsorgt zu werden und dabei etwas abzuheben.

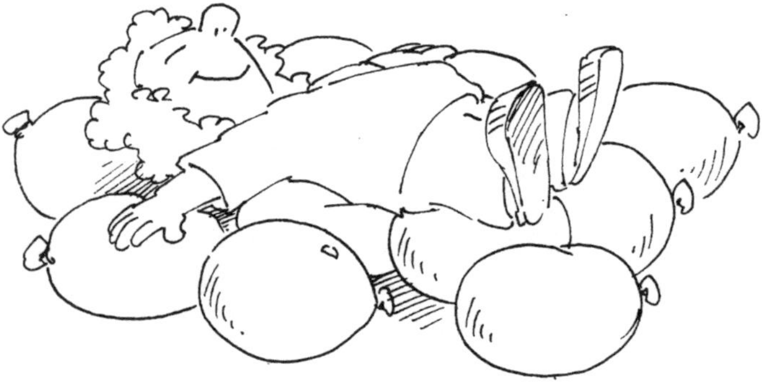

Luftballons zertreten

Dieses Spiel kennt wahrscheinlich jedes Kind. Die Kinder binden sich einen Luftballon so an den Knöchel, dass man ihn mit etwas Abstand hinter sich herziehen kann. Die Aufgabe lautet nun, die Luftballons der anderen Kinder zu zertreten und den eigenen zu schützen.
Für ängstliche Kinder ist es anfangs sehr schwierig einen Luftballon mit einem lauten Knall zu zerstampfen. Haben sie es aber einmal geschafft, wirkt es oft wie eine Befreiung. Etwas zerstören zu dürfen, was im Alltag normalerweise verboten ist, wird für bestimmte Kinder zu einem ganz besonderen Erlebnis.

Angeben erlaubt

Heute darf einmal so richtig angegeben werden.
Jedes Kind überlegt sich, was es besonders gut kann. Zum Beispiel schnell rennen oder lustige Tiere malen oder Geschichten erzählen, Geige spielen usw.
Die Kinder setzen sich zu einem Kreis zusammen und dann geht es auch schon los:
Das erste Kind verrät: „Ich kann so schnell laufen wie der Wind." Nach Art des „Kofferpackens" wiederholt das zweite Kind: „Elena kann so schnell laufen wie der Wind und ich kann die superlustigsten Geschichten erzählen."
So geht es weiter, bis alle Kinder an der Reihe waren. Reißt der Faden und ein Kind weiß nicht mehr weiter, bekommt das Kind, dessen Eigenschaft vergessen wurde, einen Pluspunkt.
Sieger ist am Schluss zum Beispiel „Daniel, der Fußball spielen kann wie ein Weltmeister".
Wichtig ist bei diesem Spiel, dass die Kinder nur tatsächlich vorhandenes Können nennen, diese Fähigkeit aber übertreiben dürfen.

Der Held/die Heldin des Tages

Dies ist ein Spiel, das sich meistens über einen längeren Zeitraum erstrecken wird. Zum Beispiel, wenn eine Klasse ein Mal pro Woche ihren Helden bzw. ihre Heldin des Tages feiert.
Wichtig ist, dass jedes Kind im Laufe des Schuljahres einmal in die Rolle des Helden schlüpfen darf.
Man kann auch zwei Kinder (Freunde und Freundinnen oder Banknachbarn) gemeinsam an einem Tag feiern, wenn es den Kindern noch zu ungewohnt ist, derart im Mittelpunkt zu stehen.

Die Kinder sitzen im Kreis. Ein Kind wird zum Helden oder zur Heldin des Tages ausgerufen und dann beginnen alle Kinder nacheinander das entsprechende Kind zu loben. Zum Beispiel: „Katrin, du malst die schönsten Bilder", „Katrin, du hast das ansteckendste Lachen", usw.
Die anderen Kinder klatschen nach jeder Aussage.

Rückenmassage

Die Kinder werden in kleinere Gruppen (zum Beispiel zu sechst) aufgeteilt und stellen sich jeweils hintereinander im Kreis auf. Ein Kind beginnt, dem Vordermann den Rücken zu massieren. Zum Beispiel wird zuerst der Schulterbereich geknetet. Als Nächstes wird der Rücken abgeklopft usw. Das so massierte Kind versucht schon während der Massage, diese bei seinem Vordermann genau zu wiederholen. So pflanzen sich die Berührungen durch die Reihe fort bis sie wieder beim ersten Kind ankommen, das auf diese Weise seine Massage am eigenen Leib wiedererlebt.

Was machst du, wenn ...

Die Kinder sitzen im Kreis. In der Mitte steht ein Stuhl, auf den sich das erste Kind setzen darf. In einem Säckchen befinden sich verschiedene Zettel, auf denen Problemfälle notiert sind.

Beispiele:
- Du bist mit deinem großen Bruder mit dem Zug in eine fremde Stadt gefahren. Ihr bummelt über einen Flohmarkt – plötzlich ist im Gewühl dein Bruder verschwunden. Was tust du?
- Du beobachtest, wie ein Kind vom Fahrrad stürzt und schwer verletzt liegen bleibt. Und nun?
- Du hast dich an eurem Urlaubsort hoffnungslos im Wald verirrt. Keine Chance herauszufinden. Und jetzt?
- Du bist im Eis eingebrochen. Ist jetzt alles aus?
- Ein Fremder spricht dich nach der Schule an: „Deine Mutter musste ins Krankenhaus. Ich soll dich hinfahren." Was tust du?
- Ihr seid im Auto eingeschneit. Usw.

Das Kind zieht einen Zettel und erzählt, wie es dieses Problem lösen würde. Dabei können die anderen Kinder im Anschluss ihre Vorschläge ebenfalls mit einbringen. Danach kommt das nächste Kind an die Reihe.

Tipp:
Es empfiehlt sich eine Unterrichtseinheit anzuschließen, in der „Überlebensregeln" vertieft und auch geübt werden. Zum Beispiel das Verhalten im Brandfall, Überleben im Wasser, Orientierungshilfen, Erste Hilfe etc.

Nur mit dir

Die Kinder sitzen im Kreis. Jedes überlegt sich eine Situation, die für es selbst besonders schwierig oder angstbeladen ist. Anschließend beschreibt ein Kind diese Situation und nennt ein anderes Kind, das es in dieser Situation am liebsten an seiner Seite hätte. Es soll möglichst genau begründen, warum es gerade dieses Kind wählt. Vielleicht ist es besonders mutig oder besonnen. Danach ist das nächste Kind an der Reihe und so fort.

Angstschnipsel

Die Kinder schreiben auf einen Papierstreifen, wovor sie am meisten Angst haben. Alle „Angstschnipsel" kommen in eine Dose. Die Kinder ziehen nun vorerst einen Zettel und schreiben ihr Rezept gegen die Angst dazu. Wer damit fertig ist, gibt das Papier zurück in die Dose und zieht erneut einen Zettel. Natürlich fällt einem nicht zu jedem Problem eine Lösung ein. Es ist erlaubt, in so einem Fall sofort einen neuen Zettel zu ziehen. Zum Schluss werden die unterschiedlichen Lösungsvorschläge vorgelesen. Dabei können schwierigere Probleme, zu denen es wenig oder keine Lösungsvorschläge gibt, gesondert besprochen werden.

Sprung ins Ungewisse

Für dieses Spiel braucht es ganz schön viel Mut, aber auch etwas Vorbereitungszeit!
Sobald sich ein Kandidat gemeldet hat, können die Arbeiten beginnen: Die Klassenzimmertür wird ganz weit geöffnet. Die Türöffnung wird mit zusammengeklebten Krepppapierstreifen (vorher schon vorbereiten) und Tesakreppband so zugeklebt, dass man nicht sehen kann, was sich auf der anderen Seite befindet. Während dies geschieht, wartet das Kind mit einem „Betreuer" auf der einen Seite außerhalb des Klassenzimmers.
Ist alles vorbereitet, warten die anderen Kinder atemlos auf den Kandidaten. Der bekommt vom Betreuer ein Zeichen, auf das hin er geradewegs auf die verdeckte Türöffnung zurennt. Ohne abzustoppen wird durch die Papierwand hindurchgelaufen. Tosender Applaus auf der anderen Seite belohnt die Heldentat, denn es gehört tatsächlich große Überwindung dazu eine Papierwand zu durchlaufen, ohne zu wissen, was einen auf der anderen Seite erwartet. Wer wagt als Nächster den Sprung ins Ungewisse?

Jurtenkreis

Alle Kinder stellen sich im Kreis auf und halten sich untergehakt. Wichtig: Voraussetzung ist eine gerade Anzahl an Mitspielern. Zunächst wird „durchgezählt": Ein Kind sagt: „Innen", das nächste: „Außen", usw. Die Kinder bleiben stehen und merken sich, wozu sie gehören. Nun wird langsam bis drei gezählt und alle „Innen"-Spieler lehnen sich daraufhin nach innen. Die Füße bleiben dabei fest am Boden stehen und das Gleichgewicht wird durch die Armkontakte gehalten. Hat das geklappt, geht es zurück in die Ausgangsposition und die „Außen"-Spieler lehnen sich anschließend nach außen.
Ziel ist es, nach einer Weile einen eigenen Rhythmus zu finden, indem abwechselnd nach innen und nach außen geschwungen wird.

Kreisel

Je nach Klassenstärke wird die Klasse in drei bis vier Gruppen aufgeteilt. Alle Kinder einer Gruppe stellen sich im Kreis auf. Ein Kind steht in der Mitte und macht sich ganz steif. Die Kinder im Kreis strecken die Arme waagrecht nach vorne, sodass sich innen ein geschlossener Kreis bildet. In diese Hände lässt sich das Kind in der Mitte – zunächst sicherlich sehr vorsichtig – fallen und wird wie ein Kreisel behutsam im Kreis geschaukelt.

Wiege

Ein Kind legt sich auf eine am Boden ausgebreitete Decke. Die anderen Kinder fassen die Decke und heben diese langsam hoch. Die Decke wird sanft hin und her geschaukelt. Ein tolles Gefühl, sich so tragen und wiegen zu lassen.

Der Wind weiß den Weg

Alle Kinder stehen sich gegenüber und bilden eine hohle Gasse: Das ist die gefährliche Baumallee!
Damit die Baumallee nicht zu lang wird, kann man die Klasse auch in zwei Gruppen teilen, die abwechselnd oder auch gleichzeitig – sofern der Platz ausreicht – an die Reihe kommen.
Am Anfang der Baumallee steht ein Kind mit verbundenen Augen. Es soll den Weg durch die Allee finden ohne an einen Baum anzustoßen. Zum Glück hilft bei dieser schweren Aufgabe der Wind. Sobald das Kind die Allee betritt, schwanken die Bäume sanft hin und her. Nähert sich das Kind einem Baum, so wird es sanft angepustet und so wieder auf den rechten Weg zurückgeführt.
Wer langsam geht und genau auf den Windhauch achtet, schafft diese schwierige Aufgabe ohne Kollision.

Na, du Krokodil

Alle Kinder stellen sich im Kreis auf. Ein Kind steht in der Mitte und spielt das Krokodil. Die anderen Kinder rufen dem Krokodil Fragen zu, bei denen es sich kräftig ärgert. Zum Beispiel: „Hallo Krokodil, warum bist du so schrecklich langsam?" Die Kinder dürfen das Krokodil währenddessen zupfen und necken. Das Krokodil antwortet so lange auf die Fragen bzw. reagiert nicht auf die Provokationen bis ihm der Kragen platzt! Dann darf es brüllen: „Jetzt fresse ich dich!", und darf sich ein Kind als Beute herausschnappen, das ihm als zweites Krokodil zur Seite steht. Zu zweit „fressen" sie nach dem Signalsatz: „Jetzt fresse ich dich!" so viele Kinder wie sie erwischen können. Sobald zwei Krokodile im Kreis stehen, gibt es für die anderen Kinder bei ihrer Flucht vor den verfressenen Krokodilen einen verabredeten Punkt, hinter dem sie in Sicherheit sind. Das Spiel endet, wenn alle Kinder zu Krokodilen geworden sind.

Blind durchs Labyrinth

Das Klassenzimmer wird etwas umgestellt und aus Tischen und Stühlen eine Art Labyrinth gebaut. Man kann dieses Labyrinth noch zusätzlich mit Hindernissen bestücken, über die man klettern muss.
So ein Labyrinth zu bewältigen wäre an sich kein Problem. Anders sieht es aus, wenn einem die Augen verbunden sind. Ein „blindes" Kind bekommt einen Führer an seine Seite, der es durch das Labyrinth führt und ihm sagt, was es machen muss.
Haben die Kinder diese Aufgabe bewältigt, kann man diesen Blindlauf auch noch in der Schwierigkeit steigern, siehe nächstes Spiel.

Allein und blind durchs Labyrinth

Das Labyrinth (s. S. 24) wird etwas umgestellt. Am Ende wartet der Blindenführer, der diesmal den „Blinden" nur mit Worten dirigieren darf. Das „blinde" Kind bekommt keine Augenbinde mehr, damit es, falls die Angst zu groß ist, die Augen kurz aufmachen kann. Wer schafft es durch den Parcours, ohne einmal zu blinzeln?
Nachdem die Kinder alle einmal das Labyrinth durchlaufen haben, sollten sie anschließend im Stuhlkreis Gelegenheit bekommen über die Gefühle und Ängste, die sie hatten, zu reden.

Supermann

Einmal Supermann spielen – wer möchte das nicht? In diesem Spiel hat man dazu die einmalige Gelegenheit. Supermann darf die „Steinwürfe", die eigentlich dem armen, schwachen Opfer gelten, nur mit seinem Körper abwehren. Dazu bilden die Kinder einen Kreis, in dessen Mitte sich ein Kind stellt. Supermann bleibt natürlich ganz in der Nähe und sobald die anderen Kinder mit den Steinwürfen (Softball) beginnen, wirft sich Supermann dazwischen und bewahrt das Opfer vor Treffern. Die Kinder im Kreis bleiben dabei nicht statisch stehen, sondern umkreisen das Opfer und werfen sich den Ball gegenseitig zu. Da muss Supermann verflixt aufpassen! Wird das Opfer dennoch getroffen – bleibt nur ein Rollentausch und andere Kinder spielen das Opfer und den Supermann.
Bei der Rollenverteilung kann darauf geachtet werden, dass eben nicht die schwachen Kinder die Rolle des Opfers übernehmen und starke Kinder die Rolle des Supermanns, sondern dass im Gegenteil eher schüchterne und ängstliche Kinder sich als Supermann ausprobieren dürfen.

Bleib, wo du bist!

Die Kinder gehen immer zu zweit zusammen und stellen sich im Abstand von ungefähr fünf Metern zueinander auf. Während das eine Kind stehen bleibt, kommt das andere langsam auf seinen Mitspieler zu. Dieser versucht nur mit den Augen zu signalisieren, wann der andere stehen bleiben muss.

Im nächsten Durchgang darf der Befehl zum Stehenbleiben mit den Augen und mit der Körperhaltung ausgedrückt werden. Zum Schluss wird der Befehl mit der Stimme deutlich gemacht, indem laut und deutlich gerufen wird: „Bleib, wo du bist!“

In weiteren Durchgängen kann mit der Stimme experimentiert werden. Im Anschluss daran wird besprochen, was am wirkungsvollsten war.

Spießrutenlaufen

Die Kinder bilden eine Gasse, durch die ein einzelnes Kind hindurchlaufen muss. Erschwert wird dieses Durchlaufen dadurch, dass die Kinder nur darauf warten, den Gassenläufer „anzupöbeln“. Wichtig ist, vorher eine Regel auszumachen: Es dürfen keine persönlichen Beleidigungen ausgesprochen werden. Sensible Kinder könnten sonst dadurch erst recht erschüttert werden.
Günstiger ist es hier, wenn die Kinder sich in ein Rollenspiel hineinversetzen. Zum Beispiel: Eine Fußballmannschaft und ein einzelner Spieler einer gegnerischen Mannschaft treffen aufeinander. Während der einzelne Spieler die Gasse passiert, schaut er bestimmten Rufern fest in die Augen. Diese müssen dann sofort verstummen. Die Rufer werden so immer weniger.
Die Gasse hinter sich zu lassen und dabei auch noch den größten Schreihälsen das Handwerk gelegt zu haben – was für ein tolles Gefühl!

Lockvogel

Die Klasse wird in zwei Gruppen aufgeteilt. Die erste Gruppe kniet oder sitzt in einer Reihe bequem auf dem Boden, die andere Gruppe schaut zu.
Ein Kind sitzt als Lockvogel in einem Abstand von ca. fünf Metern hinter den Rücken seiner Reihe. Die Zuschauergruppe sucht sich ein Kind aus der Reihe aus, schreibt dessen Namen auf einen Zettel und gibt diesen dem Lockvogel. Das Kind wird nun vom Lockvogel in den süßesten Tönen dazu überredet sich umzudrehen: „Dreh dich um. Bitte dreh dich zu mir um." Dabei ist es wichtig, dass der Lockvogel den Rücken des Kindes fixiert und sich ganz auf das betreffende Kind konzentriert. Die Kinder in der Reihe konzentrieren sich ebenfalls und versuchen den eindringlichen, bittenden Blick in ihrem Rücken zu spüren. Ist sich ein Kind sicher, dass es gemeint ist, dreht es sich um. Ist es das falsche Kind, bekommt die ganze Gruppe einen Minuspunkt. Ist es das richtige Kind, wird gewechselt und die andere Gruppe versucht ihr Glück.
Für die Kinder gilt es also genau abzuwägen, ob sie sich umdrehen oder nicht. Erst wenn man sich seines Gefühls ganz sicher ist, sollte man sich umdrehen. Dann ist es allerdings wichtig sich auch wirklich zu trauen, denn je länger man zögert, desto mehr Minuspunkte kassiert womöglich die ganze Gruppe.
Ein Tipp für die Kinder: Achtet darauf, in welche Richtung gesprochen wird. Konzentriert euch ganz stark auf den eigenen Rücken. Man spürt seltsamerweise den Blick des Lockvogels auf seinem Rücken ganz deutlich.

Klatschrhythmus

Alle Kinder sitzen im Stuhlkreis. Die Lehrerin klatscht einen gängigen Rhythmus vor und die Kinder versuchen, ihn nachzuklatschen.
Klappt das gut, kann man einen Schritt weitergehen. Die Kinder werden in drei Gruppen eingeteilt: Kinder, die in die Hände klatschen, Kinder, die auf die Schenkel patschen und Kinder, die mit den Füßen auf den Boden klopfen.
Ein Rhythmus wird vorgegeben und dazu zum Beispiel die Anweisung „Fuß". Es dürfen dann nur die Kinder den Rhythmus nachklopfen, die in die „Fußgruppe" eingeteilt wurden. Vielleicht übernimmt nun ein Kind die Rolle des „Orchesterleiters"?

Versteinern

Die Kinder bewegen sich nach einer Musik im Klassenzimmer. Stoppt die Musik, finden sich Gruppen von mindestens vier Kindern zusammen. Die Kinder sollen dabei in bestimmten, vorher demonstrierten Posen „versteinern". Zum Beispiel: Zwei Kinder strecken sich dabei nach oben, zwei Kinder machen sich klein. Das Versteinern geschieht ohne zu reden oder sich etwa vorher abzusprechen. Mit der Zeit merken die Kinder, dass eine Verständigung auch ohne Worte klappt und die Figuren ganz selbstverständlich entstehen, wenn man aufeinander achtet.
Es ist dabei übrigens interessant zu beobachten, ob Kinder immer wieder dieselben (großen/kleinen) Posen einnehmen und ob diese Posen mit ihren Rollen in der Klasse übereinstimmen. In diesem Fall wäre es wichtig, das Schema einmal aufzubrechen.

Brückenbauer

Die Kinder bewegen sich nach Musik im Klassenzimmer. Stoppt die Musik, wird eine Aufgabe an die ganze Klasse gestellt, zum Beispiel:

- Immer drei Kinder bilden eine Brücke ...
- Immer drei Kinder bilden ein großes A ...
- Immer drei Kinder bilden ein Dreieck ...
- Immer vier Kinder tragen ein fünftes Kind nach vorne ...
- Immer vier Kinder verstecken ein fünftes Kind ...
- Immer fünf Kinder bilden eine Sonne ...

usw.

Das Besondere an diesem Spiel ist, dass zur Bewältigung der Aufgabe jedes Kind gleich wichtig ist und die Lösung nur von der Gruppe insgesamt erbracht werden kann.

Die guten Tanten kommen

Die Kinder werden in zwei gleich große Gruppen geteilt und stehen sich im Klassenzimmer gegenüber. Eine Gruppe sind die lieben Kinder und die andere Gruppe sind die guten Tanten, die den Kindern natürlich bei ihrem Besuch etwas „schenken" wollen. Mit den „Tanten" wird nun besprochen, was mitgebracht werden soll. Selbstverständlich sind nur nette Dinge erlaubt. Also zum Beispiel: Ein Haarzerstrubbler, ein Kinnkitzeln, ein Ohrenstreicheln usw. Die Kinder fragen: „Was habt ihr uns heute mitgebracht?", und die „Tanten" antworten: „Einen Haarzerstrubbler." Jedem Kind wird dann von „seiner Tante" das Haar (liebevoll) zerstrubbelt.
Dann werden die Rollen getauscht. Bei allem Spaß muss dabei darauf geachtet werden, dass die Kinder nicht grob werden.

Süßer Kuss oder saurer Hering?

Dies ist ein besonders lustiges Spiel, bei dem es immer hoch her geht.

Alle Buben der Klasse gehen vor die Tür, während die Mädchen aus einer vorbereiteten Schachtel Zettel ziehen, auf denen jeweils der Name eines der Jungen steht. Mit diesem Zettel, einem supersauren Fruchtgummi (z. B. saure Heringe oder Ähnliches) und einem Schokokuss ausgestattet, setzen sich die Mädchen in einer Reihe auf ihre Stühle. Die Buben marschieren der Reihe nach auf und verbeugen sich artig vor einem Mädchen ihrer Wahl. Steht zufällig sein Name auf dem Zettel, hat der Junge „sein" Mädchen gefunden und erhält von ihr den Schokokuss. Stimmt es nicht, bekommt er den sauren Hering und wird von dem Mädchen wieder weggeschickt. Anschließend muss er sein Glück in der zweiten Runde versuchen. Das geht so lange, bis sich alle Paare gefunden haben.

Klar, dass nach diesem Spiel auch die Mädchen an der Reihe sind und sich von den Buben entweder einen süßen Kuss oder einen sauren Hering abholen.

Glücksengel

Was ist ein Glücksengel? Eine Mischung aus Schutzengel und Glücksbringer. Wäre es nicht schön, einmal Glücksengel zu spielen? Dazu bekommt jedes Kind einen Zettel, auf dem steht: Du bist der Glücksengel von (Name einsetzen). Eine Woche lang darf nun jeder Glücksengel spielen und hat dabei selbst einen unbekannten Glücksengel an seiner Seite. Wichtig: Bei der ganzen Sache darf natürlich kein Sterbenswörtchen verraten werden. Am Ende der Woche werden die Geheimnisse gelüftet. Vorher dürfen aber Vermutungen angestellt werden. Vielleicht hat ja der eine oder andere gemerkt, wer sein Glücksengel ist?

Suche den Stuhl

Die Kinder werden in zwei Gruppen aufgeteilt und stehen wie bei einer Staffel hintereinander. Irgendwo im Raum steht ein Stuhl. Den ersten beiden Kindern aus jeder Gruppe werden die Augen verbunden und sie machen sich auf die Suche nach dem Stuhl. Hat ihn eines der Kinder gefunden, muss es sich kurz daraufsetzen. Dann kehrt es schnurstracks (was mit verbundenen Augen nicht ganz einfach ist) zurück zur eigenen Gruppe, um den Nächsten abzuschlagen, der mit verbundenen Augen bereits wartet. Welche Gruppe ist zuerst fertig?

Kopffußball

Die Klasse wird in zwei Teams aufgeteilt. Beide Gruppen werden durchnummeriert, wobei es wichtig ist, darauf zu achten, dass der jeweilige Gegenspieler mit der gleichen Nummer etwa das gleiche Leistungsniveau aufweist.
Als Merkhilfe kann man die Nummern auf Zettel schreiben und den Kindern aushändigen.
An die Tafel wird ein Fußballfeld aufgezeichnet mit zwei Toren und sechs Längsstrichen dazwischen. Der Ball (Klebepunkt) kommt genau in die Mitte. Eine Frage aus Deutsch (z. B. Groß-/Kleinschreibung, Wortarten etc.) oder Mathematik (z. B. Einmaleins) oder dem Sachunterricht wird gestellt und eine Spielernummer aufgerufen.
Mit einer richtigen Antwort befördert der fixere Spieler für seine Mannschaft den Ball über einen Strich in Richtung gegnerisches Tor. Bei drei richtigen Antworten immer derselben Mannschaft wäre dann zum Beispiel das erste Tor gefallen.
Das Schöne an diesem Spiel ist, dass man durch unterschiedlich schwere Fragen auch leistungsschwächeren Kindern die Gelegenheit geben kann, für ihre Mannschaft ein Tor zu schießen.

Yin und Yang

Die Kinder sitzen im Schneidersitz im Kreis. Der Erste legt entweder seine linke oder rechte Hand auf den Kopf und sagt „Yin“. Zeigen seine Fingerspitzen nach rechts, macht das rechts sitzende Kind weiter. Zeigen sie nach links, ist das linke Kind an der Reihe. Es legt seine Hand unter das Kinn und sagt „Yang“. Auch hier entscheiden die Fingerspitzen, wer weitermacht. Der Dritte zeigt stumm auf einen Mitspieler im Kreis. Dieser beginnt wieder mit „Yin“ usw. Wer einen Fehler macht, scheidet aus. Da dieses Spiel sehr leise ist, können ausgeschiedene Kinder problemlos an einer angefangenen Arbeit weitermachen. Die letzten drei aus der Runde sind dann wahre Konzentrationsmeister.

Nein sagen

Nein sagen ist nicht schwer – oder doch?
Die Klasse stellt sich so im Kreis auf, dass etwas Platz zwischen den Kindern bleibt. Der Reihe nach ruft ein Kind seinem jeweils rechten Nachbarn ein lautes Nein zu. Erfahrungsgemäß haben die Jungs bei diesem Spiel weniger Probleme, während die Mädchen zum Teil recht leise ihr „Nein“ rufen.
Zum Aufwärmen kann man deshalb gemeinsam zu Beginn ein dreifaches Nein in die Runde brüllen.
Eine weitere Variante wäre, die Jungen „Ja“ flüstern und die Mädchen „Nein“ rufen zu lassen.

Die Roboter sind los!

Die Klasse teilt sich in Dreiergruppen auf. Jede Gruppe bestimmt einen Roboterführer. Die beiden übrigen Kinder spielen Roboter. Auf ein Zeichen laufen alle Roboter los – einfach der Nase nach.
Aufgabe des Roboterführers ist es, seine beiden Roboter so zu steuern, dass sie sich direkt in die Arme laufen.
Zupft er am linken Ärmel des Roboters, macht dieser eine halbe Drehung nach links. Zupft er am rechten Ärmel, geht es nach rechts.
Läuft ein Roboter in ein Hindernis, bleibt er stehen und wartet, bis sein Roboterführer ihn wieder aus dieser Lage hinausmanövriert. Klar, dass ein Roboter mit lautem Piepen auf sich aufmerksam macht. Da heißt es für den Roboterführer auch im größten Chaos cool bleiben!
Man kann dieses Spiel auch variieren, indem die Roboter verschiedene Aufgaben erfüllen müssen. Zum Beispiel auf einen Roboter einer anderen Gruppe treffen oder Gegenstände im Klassenzimmer ablegen usw. Die Kinder haben bestimmt gute Ideen!
Wichtig ist, dass die Rollen immer wieder getauscht werden, sodass jedes Kind einmal das starke Gefühl bekommt, dass andere nach seiner Pfeife tanzen (laufen) müssen.

Dampferkapitän

Die Kinder teilen sich in Fünfergruppen auf. Jede Gruppe sucht sich einen freien Platz im Raum. Die Kinder stellen sich hintereinander auf und legen die Hände auf die Schultern des Vordermannes.

Das letzte Kind ist der Dampferkapitän. Auf ihn wartet jetzt eine schwierige Aufgabe. Er steuert seinen Dampfer, indem er seinem Vordermann Signale gibt, die von diesem weitergeleitet werden. Das erste Kind in der Reihe muss diese Befehle sofort ausführen.

Also zum Beispiel:

Mit beiden Händen auf die Schultern klopfen: Richtung beibehalten, volle Kraft voraus.

Auf die linke Schulter klopfen: nach links fahren.

Nur auf die rechte Schulter klopfen: nach rechts fahren.

Mit beiden Händen zwei Mal klopfen: sofort Maschinenstopp.

Nachdem der Dampfer einige Meter getuckert ist, zieht allerdings dichter Nebel auf. Alle Kinder schließen die Augen – bis auf den Kapitän natürlich – und vertrauen auf dessen Geschick.

Spielt man dieses Spiel in einer Turnhalle, sollten kleine Eisberge (Hütchen) als Hindernisse im Raum verstreut sein.

Man kann als Zusatzaufgabe auch kleine Gegenstände an bestimmten Anlegestellen auf- oder abladen lassen.

Wer schafft es, seinen Dampfer ohne Kollisionen durchs Eismeer zu steuern?

Hang on Snoopy

Die Kinder verteilen sich im Raum, schließen die Augen und suchen Snoopy.
Die Lehrerin flüstert einem Kind ins Ohr, dass es von jetzt an Snoopy ist. Snoopy darf die Augen wieder schließen und geht wie die anderen Kinder im Raum umher.
Sobald ein Kind auf ein anderes trifft, fragt es: „Snoopy?“ Antwortet das andere Kind ebenfalls mit dieser Frage, wissen beide Kinder, dass sie Snoopy noch nicht gefunden haben. Snoopy kann nämlich, wie wir alle wissen, nicht reden. Trifft also ein Kind auf ein schweigendes Gegenüber, so hat es Snoopy gefunden. Es darf die Augen öffnen und einen lächelnden Snoopy an die Hand nehmen und so ein Teil von ihm werden. Nach und nach wird Snoopy also immer größer, bis alle Kinder sich in den freundlich lächelnden Snoopy verwandelt haben.

Mini-Playback-Show

Einmal als umjubelter Star im Mittelpunkt stehen – warum nicht? Die Kinder überlegen sich, welchen Star sie darstellen wollen und denken sich eine kleine Bühnenshow dazu aus. Bei laufender Musik (Playback) singen und agieren die kleinen Künstler dann vor dem staunenden Publikum.
Es werden entweder bestimmte Lieder aus vorhandenen CDs ausgesucht oder die Kinder bringen das entsprechende Lied am nächsten Tag selber mit. Schüchterne Kinder kommen in einer Boy- oder Girlgroup zu ihrem großen Auftritt.
Na dann – Bühne frei!

Kein – ohne

Ein Spiel für Schlagfertige und solche, die es werden wollen: Die Kinder sitzen im Stuhlkreis. Ein Handtuch wird zusammengeknotet und einem Kind zugeworfen. Dieses Kind muss nun schnell einen Satz mit den beiden Wörtern *kein – ohne* bilden. Also zum Beispiel: „Keine Suppe ohne Salz." Wenn dies reibungslos klappt, kann man das Spiel etwas erschweren. Jeder zweite Satz muss mit dem letzten Wort des ersten Satzes beginnen. Also zum Beispiel:
1. „Keine Schule ohne Lehrer." 2. „Keine Lehrer ohne Hausaufgaben."
Der Nächste darf nun wieder einen völlig neuen Satz bilden.

Riesen, Zwerge, Zauberer

Dieses Spiel ist eine Mischung aus den bekannten Spielen „Schere, Stein, Papier“ und „Schwarz und weiß“.
Riesen sind groß und stärker als die Zwerge. Leider können sie aber trotzdem von den Zauberern verzaubert werden. Die Zwerge sind zwar klein, aber clever. Sie können die Zauberer austricksen. Für jede Figur werden entsprechende Bewegungen vereinbart. Zum Beispiel machen sich die Riesen ganz groß, die Zwerge klein und die Zauberer imitieren einen Hexenbuckel.
Die Klasse wird in zwei Gruppen aufgeteilt. An einer vereinbarten Linie stehen sich die Kinder gegenüber. Jede Gruppe vereinbart ganz leise, welche Figur sie zeigen will.
Jetzt kommt es darauf an, wer sich das Ganze gut gemerkt hat. Die schwächere Gruppe muss sich nämlich ganz schnell umdrehen und sich in Sicherheit bringen (Freimal, Wand), um von der stärkeren Gruppe nicht gefangen zu werden. Zeigen beide Gruppen das gleiche Zeichen, passiert natürlich nichts und die nächste Figur kann gezeigt werden.

Wer ist der Chef?

Ein Kind verlässt den Raum und die Anderen bestimmen aus ihrer Runde einen Chef.
Was der Chef vormacht, müssen die Anderen nachmachen. Also zum Beispiel am Kopf kratzen, mit dem Fuß scharren usw. Das muss möglichst unauffällig geschehen! Denn es ist die Aufgabe des Kindes, das zuvor den Raum verlassen hat, herauszufinden, wer hier der Chef ist. Hat es es erraten, muss der Chef vor die Tür und das Spiel beginnt von vorne!

Entenkampf

Die Kinder verschränken die Arme und gehen in die Hocke. Nach einem Startsignal darf nun versucht werden, eine andere Ente umzurempeln. Wer das Gleichgewicht verliert und umfällt, scheidet aus.
Die ausgeschiedenen Enten sammeln sich in einer Ecke, in der ein großer Schaumstoffwürfel bereitliegt. Jede neu ausgeschiedene Ente würfelt einmal. Hat sie Glück und würfelt eine Sechs, dürfen alle ausgeschiedenen Enten wieder am Wettkampf teilnehmen. Ansonsten heißt es warten und auf Neuankömmlinge mit mehr Glück hoffen.
Man kann das Spiel auch mit zwei Mannschaften spielen. Wichtig ist, dass eine Ente nur von **einer** anderen Ente angegriffen werden darf.
Das Schöne an diesem Spiel ist das Kräftemessen auf eine ungefährliche Art. Hier dürfen und sollen sich auch die Kinder ausprobieren, die solchen Situationen sonst lieber aus dem Weg gehen.

Flippern

Die Klasse wird in Gruppen von etwa sechs bis acht Kindern eingeteilt. Die Kinder stehen im Kreis mit dem Rücken nach innen. Dann werden die Beine gegrätscht, sodass sie die Füße des Nachbarn berühren. Alle beugen sich nach vorne und lassen die Arme locker schwingen. Jetzt kommt ein weiteres Kind in den Kreis und die „Flipperkugel" (Schaumstoffball) ins Spiel. Die Kinder versuchen, mit dem Ball das Kind in der Mitte zu treffen und dabei zu verhindern, dass die „Flipperkugel" aus dem Kreis herausrollt. Passiert das, so bekommt das Kind in der Mitte einen Punkt. Wird es von der „Flipperkugel" getroffen, gibt es einen Punkt für die Gegenseite. Wer hat nach fünf Minuten mehr Punkte?

Geist im Wasser

Ein Kind wird ausgewählt und ist fortan der Geist im Wasser.
Die anderen Kinder teilen sich in zwei Teams und stellen sich in größerem Abstand in zwei Reihen gegenüber auf. Dazwischen hat der Geist des Wassers sein Reich.
Nun ruft der Geist ein Kind mit Namen. Dieses Kind ruft den Namen eines Kindes aus dem anderen Team und nun heißt es, Plätze tauschen. Natürlich muss man dazu durch das Reich des Wassergeistes und dieser wiederum muss versuchen, ein Kind zu erwischen. Gelingt es, wird dieses Kind zum Geist. Schafft er es nicht, probiert er es einfach noch einmal.

Pfeifenheini

Herrlich, die Anderen nach seiner Pfeife tanzen zu lassen! Ein Kind spielt den Pfeifenheini und bekommt eine Trillerpfeife.
Die anderen Kinder stellen sich in der Mitte eines durch zwei Linien begrenzten Spielfeldes (ca. 10 m Abstand) auf. Sobald der Pfeifenheini pfeift, versuchen alle Kinder so rasch wie möglich eine der beiden Linien zu überschreiten. Dabei geht es zunächst immer nur um **eine** Linie, damit der Pfeifenheini nicht den Überblick verliert. Er versucht die „Grenzüberschreitung" zu verhindern, indem er genau dann das Pfeifen einstellt, wenn ein Kind kurz davor ist, die Grenze zu passieren. Sobald er wieder pfeift, ist ein Richtungswechsel angesagt. Alle Kinder müssen dann versuchen, die gegenüberliegende Begrenzung zu überqueren. Wer es schafft, wird neuer Pfeifenheini.

Erst denken – dann handeln!

Verflixt aufpassen muss man bei diesem Spiel und vor allem: erst denken und dann handeln.
Die Kinder stehen im Kreis. In der Mitte befindet sich ein Kind mit einem Ball. Das „Ballkind“ wirft einem Kind im Kreis den Ball zu und ruft dabei eines der vier Elemente: Erde, Wasser, Luft oder Feuer. Bei „Erde“, „Wasser“, „Luft“ fängt das jeweilige Kind den Ball und ruft ein Tier, das in diesem Element lebt.
Hat es ein passendes Tier genannt, müssen sich alle Kinder im Kreis sofort hinsetzen. Der Letzte muss leider eine Runde aussetzen. Nun kann das Kind die anderen natürlich foppen und ein falsches Tier nennen. Wer sich nun trotzdem hinsetzt, muss ebenfalls für eine Runde aussetzen.
Aber auch das Fängerkind muss aufpassen. Ruft das Kind in der Mitte nämlich „Feuer“, darf der Ball nicht gefangen werden. Wer es trotzdem tut, tauscht mit dem Kind in der Mitte seinen Platz.

Zu zweit sind wir stark

Es werden zwei Teams gebildet. Innerhalb dieser Gruppen gehen immer zwei Kinder zusammen. Die Kinder laufen bis zu einem vorher verabredeten Punkt, wenden, kehren zurück und das nächste Paar läuft los. An sich kein Problem – nur die Paare werden an zwei Beinen zusammengebunden. Die Kinder merken bestimmt bald: Wer einen gemeinsamen Rhythmus findet, ist schneller am Ziel!

Geheimnisträger

Die Kinder werden in Gruppen eingeteilt und sitzen an den Tischen. Dort liegen Papier und Bleistifte bereit.
Jede Gruppe schickt seinen ersten „Geheimnisträger“ aus. Vor dem Klassenzimmer liegt für jede Gruppe ein anderes „Geheimnis“ bereit. Das Geheimnis besteht in einem Text (Lied, Gedicht, Mitteilung usw.). Der „Geheimnisträger“ muss versuchen, sich diesen Text (oder z. B. die erste Zeile des Textes) zu merken und diesen zurück am Gruppentisch aufzuschreiben.
Währenddessen macht sich der nächste Geheimnisträger auf den Weg. Das geht so lange, bis der Text vollständig aufgeschrieben ist. Welche Gruppe kann am schnellsten einen fehlerlosen Text vorweisen?

Kaiserball

Ein Kind wird zum Kaiser bestimmt und stellt sich in ca. fünf Metern Entfernung mit dem Rücken zu den anderen Kindern auf. Der Kaiser wirft einen Softball nach hinten. Die anderen Kinder versuchen, den Ball zu fangen, um diesen dann sofort hinter ihrem Rücken zu verstecken. Jedoch halten **alle** Kinder ihre Arme hinter den Rücken, um es dem Kaiser so schwer wie möglich zu machen. Der Kaiser dreht sich um und versucht zu erraten, welches Kind den Ball gefangen hat. Errät er es, bleibt er Kaiser. Rät er falsch, dann wird das „Fängerkind“ zum neuen Kaiser.

Verrückte Geschenke

Bei diesem Spiel sind Fantasie und gute Ideen gefragt. Denn je verrückter die Ideen sind, desto lustiger wird das Spiel. Die Kinder sitzen im Kreis. Jedes Kind flüstert seinem linken Nachbarn ins Ohr, was es ihm schenken will. Anschließend wendet das Kind sich an seinen rechten Nachbarn und flüstert ihm zu, was mit dem Geschenk gemacht werden soll. Zum Schluss berichtet jedes Kind, was es geschenkt bekommen hat und was es damit anfangen soll.

Wer setzt sich durch?

Dieses Spiel verursacht einen Heidenspektakel. Es kann also auch ganz bewusst als Ventil eingesetzt werden.
Die Kinder werden in drei Gruppen eingeteilt und gruppenweise im Klassenzimmer postiert. Eine Gruppe sendet Botschaften, die vorher aufgeschrieben werden. Die zweite Gruppe soll diese Botschaften empfangen und anschließend ebenfalls aufschreiben. An sich kein Problem – wenn da nicht die dritte Gruppe genau dies zu verhindern versuchen würde. Sobald eine Gruppe ihre Botschaften der anderen Gruppe zuruft, funken die Störenfriede gewaltig dazwischen, indem sie einen Riesenkrach veranstalten. Wer schafft es trotzdem, eine Botschaft richtig zu empfangen?

Ballverteiler

Es werden zwei Teams gebildet, die sich jeweils hintereinander aufstellen. Jedes Team stellt einen Ballverteiler, der im Abstand von ca. drei Metern vor seiner Mannschaft steht. Auf ein Startsignal hin werfen die Ballverteiler dem ersten Kind in der Reihe den Ball möglichst geschickt und einfühlsam zu. Das Kind fängt den Ball und wirft ihn sofort wieder zurück. Hat das geklappt, darf sich das erste Kind setzen und der Ballverteiler wirft den Ball jetzt dem nächsten Kind zu. Hat das Kind nicht gefangen, wird der Wurf wiederholt. Welcher Ballverteiler hat sein Team als Erster zum Sitzen gebracht?
Bei diesem Spiel kommt es neben einer gewissen Schnelligkeit auch darauf an, dass der Ballverteiler sich möglichst genau auf sein jeweiliges Gegenüber einstellt und ihm den Ball so zuwirft, dass er ihn auch wirklich fängt.

(Fantasie-)reise durch den Körper

Die Kinder legen sich entspannt in der Rückenlage auf den Boden. Am besten hat jedes Kind eine eigene Decke oder Matte.
Wenn alle Kinder ruhig sind und locker liegen (Arme an den Seiten; die Handinnenflächen zeigen nach oben; die Fußspitzen fallen locker auseinander), kann sie losgehen: die geheimnisvolle Reise durch den Körper.
Wir machen nun eine kleine Reise durch unseren Körper. Schließe deine Augen und konzentriere dich auf deinen Körper.

- *Gehe jetzt mal in Gedanken ganz hinunter zu deinen Füßen. Spürst du, wie schwer die Fersen auf den Boden drücken? Ziehe doch mal die Zehen Richtung Körper. Locker lassen! Das Ein- und Ausatmen nicht vergessen!*
- *Wir wandern jetzt weiter hinauf. Spürst du deine Waden? Auch sie drücken schwer gegen den Boden. Wenn du willst, kannst du mit den Beinen etwas hin- und herwackeln.*
- *Wir wandern höher und kommen zum Po. Spüre, wie der Po auf dem Boden aufliegt.*
  Jetzt den Po fest zusammenkneifen und dabei einatmen. Beim Ausatmen die Muskeln wieder locker lassen und gleich nochmal. Anspannen und entspannen und dabei einatmen und ausatmen.
- *Wir wandern weiter, den Rücken hinauf. Spürst du, welche Teile vom Rücken auf dem Boden aufliegen?*
- *Jetzt sind wir bei den Schultern angelangt. Die Schulterblätter drücken fest gegen den Boden. Spürst du es?*

- *Nun geht es wieder hinab in die Arme. Langsam wandern wir bis zu den Händen. Mach eine feste Faust und atme dabei ein. Lass die Faust wieder locker und atme aus. Versuche es noch einmal.*
- *Langsam geht es wieder nach oben. Du spürst die Unterarme, den Ellenbogen, die Schultern. Ziehe die Schultern hoch in Richtung Kopf und atme ein. Wieder locker lassen und ausatmen.*
- *Jetzt sind wir ganz oben angelangt: beim Kopf. Spürst du, wie er aufliegt? Beobachte deinen Atem, wie er kommt und geht. Wie er durch die Nase strömt. Bei jedem Ausatmen lässt du noch mehr Anspannung los.*
- *Du genießt die Ruhe und fühlst, wie du von der Erde getragen wirst.*

Unsere Reise durch den Körper ist jetzt zu Ende. Strecke dich und spüre, wie neue Energie durch deinen Körper fließt.

Im Anschluss an die Reise sollten die Kinder auf jeden Fall Gelegenheit bekommen, über ihre Empfindungen zu sprechen.

Fantasiereise: Der Drache

Stell dir einmal vor, du bist auf deinem täglichen Schulweg. Auf einmal siehst du, wie noch in weiter Ferne ein riesiger Drache sitzt. Der Drache ist einfach zu schrecklich. Aus seinem Maul schlagen Funken und du siehst seine Zähne gefährlich in der Sonne blitzen. Sein Gebrüll geht dir durch Mark und Bein und du stehst wie angewurzelt da. Was jetzt?
Du schlotterst vor Angst und gehst vorsichtig einige Schritte zurück. Um nichts auf der Welt wirst du an dem Drachen vorbeigehen. Aber was ist das? Der Drache wird mit jedem Schritt zurück größer und wütender. Du fängst an zu rennen, aber der Boden bebt nun unter deinen Füßen und der Drache ist jetzt so riesig, dass die Sonne verdunkelt wird.
Entschlossen bleibst du stehen. Wegrennen ist also offenbar keine Lösung. Mutig wagst du nun einen Schritt nach vorn. Ist es eine Täuschung oder wird das Brüllen tatsächlich etwas leiser? Das erdbebenartige Grollen unter deinen Füßen ist ebenfalls etwas schwächer geworden. Du machst noch einen Schritt. Nanu, der Drache schrumpft. Es ist wirklich wahr! Mit jedem Schritt, den du auf den Drachen zugehst, wird dieser etwas kleiner. Als du vor ihm stehst, ist er sogar so klein geworden, dass du dich bücken musst, um ihn mit der Hand zu fangen. So klein und winzig ist er nun gar nicht mehr Furcht einflößend. Du kannst ihn ohne Probleme in einen Käfig sperren, wo er hingehört.

Je nachdem wie gut die Kinder auf diese Geschichte „anspringen“, kann man im Anschluss über eigene Erfahrungen sprechen. Wer wollte nicht auch schon mal vor einem Problem wegrennen, das dadurch nur immer größer wurde?
Da wird es Zeit, diesen „Drachen zumindest symbolisch in den Käfig zu verbannen“.
Jedes Kind malt seinen Angstdrachen und zum Schluss werden auf das Bild Gitterstäbe aus Tonpapier so aufgeklebt, dass der Drache für immer eingeschlossen in seinem Käfig ist.

Fantasiereise: Der Zauberstab

Die Kinder setzen oder legen sich bequem auf den Boden und schließen die Augen.
Stell dir einmal vor, du spielst an einem sonnigen hellen Tag auf einer Wiese. Plötzlich blitzt es im Gras. Neugierig läufst du hin und findest einen langen Stab – über und über mit funkelnden Steinen besetzt. Dir ist natürlich sofort klar, dass du hier einen absoluten Glückstreffer gelandet hast und einen der seltenen Zauberstäbe in der Hand hältst.
Du setzt dich ins Gras und überlegst als Erstes, welche Dinge du weit, weit weg wünschen würdest. Du kannst dir auch überlegen, welche Dinge du verzaubern würdest.
Oder soll alles bleiben, wie es ist? Überlege einmal, welche Probleme und Sorgen du dir am liebsten „vom Hals zaubern" würdest.

– Längere Pause –

Schade, dass es solche Zauberstäbe in Wirklichkeit nicht gibt. Schwierigkeiten sind nicht einfach wegzuzaubern. Oder doch? Überlege einmal, welche Wege und Möglichkeiten es gibt, all das zu lösen, was dir vorhin durch den Kopf gegangen ist.

SCHULE